# 聖者の心

梅原 鎬市

東京図書出版

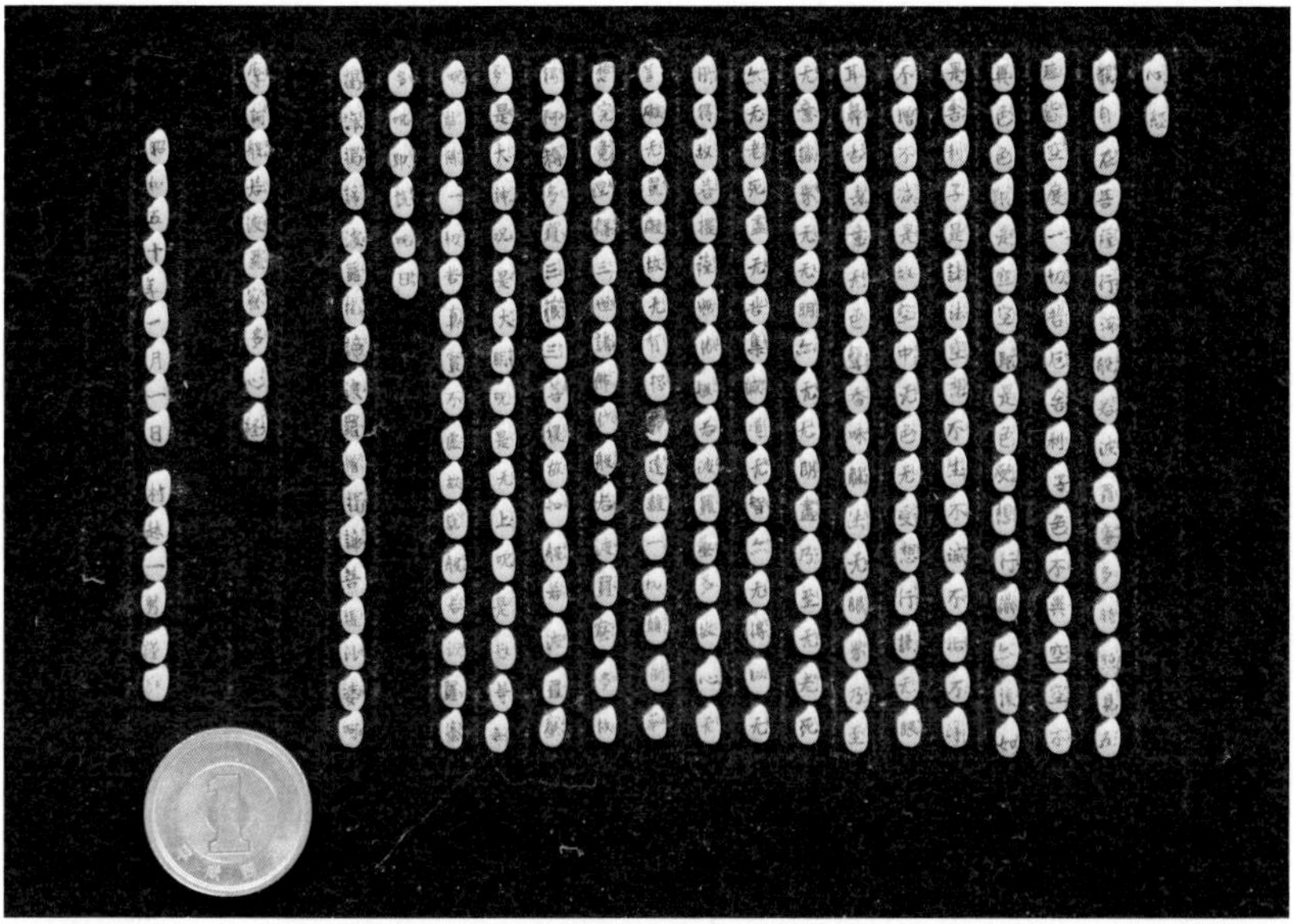

これは静岡県警察官であった叔父が警察職員芸術祭に出品した米粒に書いた般若心経です。展示中上司からこれは拡大鏡を用いて書いたものではないのかと疑われ、どのように説明しても納得してもらえず、では展示の価値なしと自ら展示場から持ち出し保管していたものです。当時は気がつきませんでしたが、しっかりと振り仮名が書いてありこれには所蔵中の村越光男とともに驚きました。

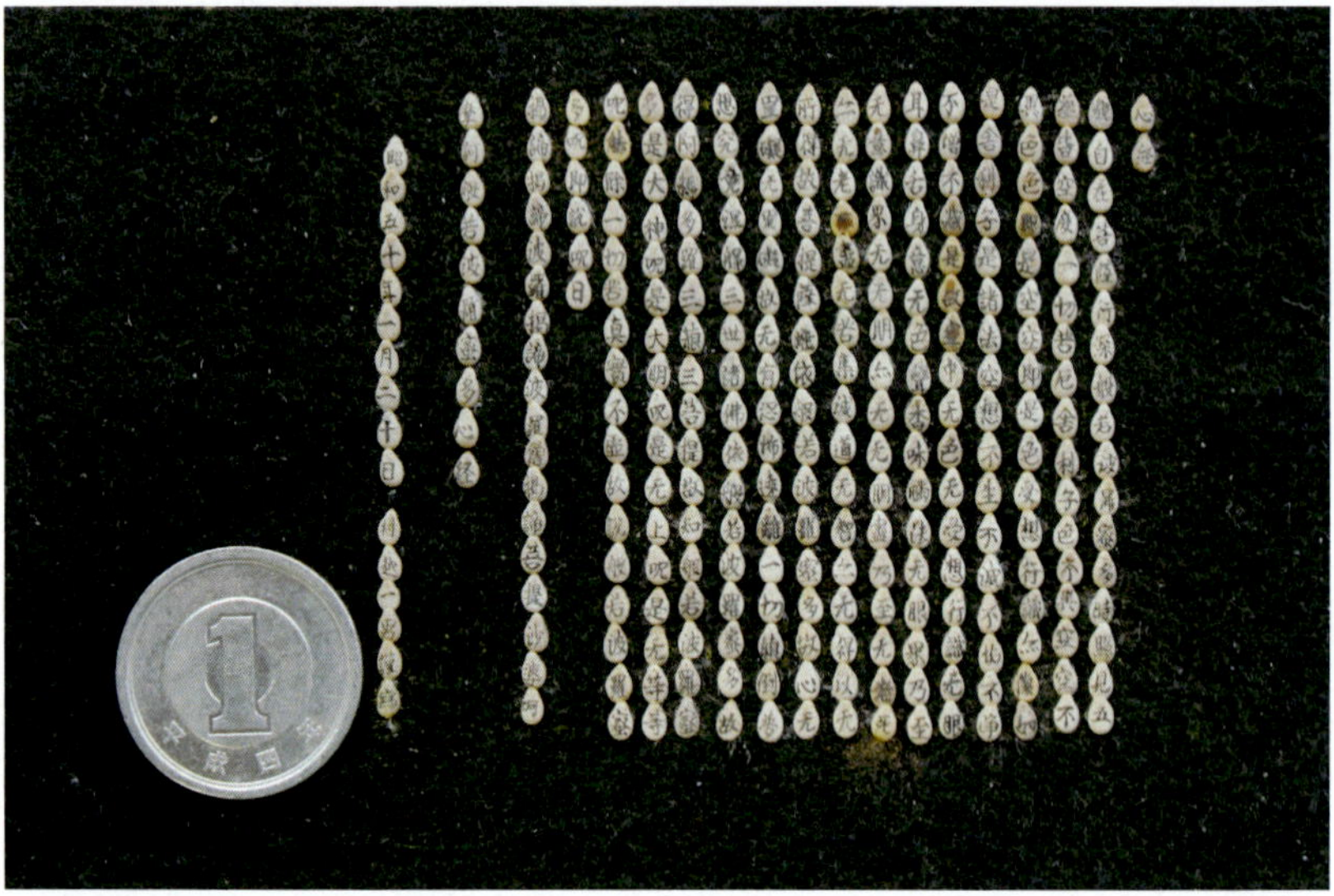

私は知らなかったがその後、ではこれではどうだと言わんばかりゴマの実に般若心経を書いたものです。また、これとは別に模写ですが、観世音菩薩像の顔と手足以外を観音経2602文字で描き菩提寺に奉納したようです（『読売新聞』昭和55年４月22日報道）。なお一円硬貨は直径２cmで比較のため入れたものです。

【米粒及びゴマの実に書いた般若心経】

書：村越一男/所蔵：村越光男/撮影：海野弘

# 聖者の心 目次

# 1　般若波羅蜜多心経（般若心経）　玄奘三蔵訳

観自在菩薩　行深**般若波羅蜜多**時　照見五蘊皆空度一切苦厄

舎利子　**色不異空　空不異色　色即是空　空即是色**　受想行識亦復如是

舎利子　是諸法空相　不生不滅　不垢不浄　不増不減

是故空中無色　無受想行識　無眼耳鼻舌身意　無色声香味触法

無眼界　乃至無意識界　無無明　亦無無明尽　乃至無老死亦無老死尽　無苦集滅道

無智亦無得　以無所得故

菩提薩埵依般若波羅蜜多故　心無罣礙　無罣礙故無有恐怖

遠離一切顛倒夢想　究竟涅槃

三世諸仏依般若波羅蜜多故　**得阿耨多羅三藐**　三菩提

故知般若波羅蜜多　是大神呪　是大明呪

是無上呪　是無等等呪　能除一切苦　真実不虚

故説般若波羅蜜多呪即説呪曰

**羯諦　羯諦**　波羅羯諦　波羅僧羯諦　菩提娑婆訶

般若心経

# 2　般若と写経

40年以上も前、筆達者な叔父さんが米粒に般若心経を書き見せてくれたことがありました。虫眼鏡で覗いてただその細やかで流麗な漢字の羅列に感心し、何気なく般若という言葉を夜店で売っている仮面と一緒だなーと記憶していました。

私はリュウマチと関節炎とテニスのやり過ぎで70歳を過ぎて手首を痛め指は所謂ばね指となり、右手も左手も激痛のためドアのノブを回せなくなり両手でやっとあけられるほどになりました。1年ほどで痛みは少し和らいだとき鉛筆で字を書くとそれは文字とは思えないものでした。

途方に暮れているとき、100円ショップで『般若心経練習帳』なるものを見つけ買いましたが、すぐには手が痛くて字が書けず一通り目を通して机の片隅に放置していました。

さらに1年ほどたった夏休みに孫たちが来て、何を思ったか「おじいちゃん般若心経って知ってる?」と言い出しました。孫たちは大阪府寝屋川市で成田山不動尊の成田幼稚園に通い、そこでお釈迦さまと般若心経の話を聞いているとのことでした。私は偉そうにこれこの通りと練習帳とそこに書いてあったことをあたかも自分の知識のように話してしまいました。

孫たちが帰り、秋が過ぎて木枯らし1号が吹いたとき、冬休みに孫たちが再び我が家に来ることを思い出しました。そして自分はあれ以来なにも般若心経を練習していなかったことに気付き、「そうだ今日から般若心経を1日1回書こう」と思い起こしました。

般若心経はただお釈迦さまがおっしゃった言葉だとはわかってはいましたが、ただひたすら書いて1カ月ほどで一応何とか書けるようになると中国語をほんの少しかじったばかりに疑問がわいてきました。

般若心経に出てくる般若とは？　波羅蜜多とは？　得阿耨多羅三藐三菩提とは？　羯諦とは？　何ぞや？　そして疑問は疑問を生んで、菩薩ってもしかして修行中の僧ではなかったか？　仏教ってお釈迦さまが作ったのではなかったか？　仏教を作った人が修行僧のことを言うかしら？　三世諸仏って仏さまのこと？　仏さまとお釈迦さまと菩薩さまは違うのかしら？と次々と気になりだしました。

# 3　発生の歴史

無神論者な私は宗教についても釈迦についても何も知りません。とりあえずインターネット百科事典Wikipediaであれこれ歴史などを調べます。

宇宙の発生は１３７億年前といっても地球から見て最も遠いところにある星が１３７億光年先にあるだけです。地球の誕生は46億年前、生物の誕生は38億年前、霊長類が約６５００万年前に地球上に現れ、１７００万年前にヒト科のゴリラ、チンパンジー、オランウータンが現れ、６００万年前には二足歩行ができる霊長類となり、猿人と呼ばれます。

二足歩行の結果、脳が発達し２００万年前にはホモ・ハビリスという初期のヒト属（ホモ属）になり、石器を使いだしたので動物性の食料を多く得ることができるようになりました。

これにより猿人より身長は30cm高くなり、脳は1kgと約2倍に増え、原人と呼ばれるものに進化しました。有名なのが１７０万年前のジャワ原人です。

この後地球は60万年前から氷河期に入ります。身体を動かせば身体が発達しますが、静養、睡眠時には脳も発達するので一層の進化を強いられ50万年前頃には旧人類と呼ばれる身体、頭脳は現代人よりも大きいネアンデルタール人となりました。

20万年前になると現代人の元となる新人類が登場します。新人類はアフリカ大陸で発生したと言われ、石を割った石器を使い狩猟を行いました。

狩猟のための石器はネアンデルタール人との紛争のため利用して勝利し、それから新人類の時代はおよそ1万年前まで続きます。石器による食料の増産は人口の増加となり、狩猟や牧畜、農耕のため領地争いがおき、金属や武器が開発されそのたびに集団が集合しエジプトで強力な国家が形成されていきます。エジプトで原始王朝のはじまりです。

# 4　宗教の起源

統一国家が成立し戦争の不安がなくなった王朝の最大の悩み事は、農業の発達したエジプトでは異常天候による洪水や干ばつによる農耕の不作で、今も昔も異常天候に最大の影響を与えているものは太陽です。

なぜ季節変動、気象変化と日の出、日没の変化が起こるのか？　ということが、当時の人々にとって大きな疑問でした。

太陽に対してはただ異常天候を起こさないよう祈ることしかできません。

日の出、日没を観察することにより、正確に季節変動と日の出、日没の時刻を予測できるようになり、そしてそれをあたかも自分が支配しているように見せかけてより支配力を強める。

こうしてエジプト王はやがて王自身が太陽と一体化し太陽神となり、エジプトは興隆を極め2500年前まで続き2000年前頃に衰退していきました。

# 5　釈迦誕生

他方インドではアフリカから移住してきた新人類が５０００年前頃からインダス川流域に住み着き、４５００年前にはインダス文明を起こし、一部は３０００年前にはガンジス川流域へと移動して農耕文化を興隆し、余剰生産物は商工業を発展させせました。

諸部族が勢力の拡大を図り16の大国が抗争を繰り返し、２５００年前には民衆の心のよりどころとして古代ヒンズー教（バラモン教）が完成し２４００年前にはインド初の統一王朝が成立しました。この頃に生まれたのが釈迦です。

釈迦の生誕は紀元前５４４年（約２５００年前）から紀元前４６３年まで凡そ80年差のある説があり、父はインド16大国時代のコーサラ国の属国であるシャーキヤ（中国語：釈迦）のガウタマ氏ラージャ、母はマーヤーで母が出産のため帰省の途中ルンビニで出産、シッダールタと名付けられ、母はその7日後に亡くなりましたが懐妊と出産直後の釈迦には伝説があります。

# 6　出家と修行

母を亡くしたシッダールタは一族の期待を一身にあつめ、専用宮殿や世話係、教師付きでマーヤーの妹に育てられました。恵まれた生活の中、16歳で結婚し子供にも恵まれましたが城外に出たとき人生の苦脳を示すような病人、老人、死者を目の前にし自分もやがて訪れる病気や死の苦悩から逃れられないのかと悩みます。そして世俗的な煩悩から離れ苦悩から脱したように見られる沙門に出会い、29歳の折一人で王宮を抜け出し出家します。

当時のインドの宗教は古代ヒンズー教を中心とするものでした。修行方法は苦行が主で、その後三人の師と出会いますが、いずれも人間の煩悩を完全には解放すること（悟り）はできないと感じその場を辞しました。

自分で悟りを開くため5人の沙門（比丘）と共にウルヴェーラーの森に入り減食、断食を中心とする苦行を6年間続けるも、身心を極度に消耗するのみで人生の煩悩や苦悩を解決する道は見つけられず、５人の沙門たちは苦行に耐えられず去っていきました。

35歳になっていた釈迦は森から出て川で沐浴をし、村の娘から発酵乳の布施を受け身心の回復を図り、菩提樹の木の下で「今、悟りを得られなければ生きてこの座を立たない」と**死を覚悟**して座し瞑想（座禅）に入りました。

瞑想のなかにマーラ（各種の誘惑、魔）が現れ、妨害が一日続きましたがこれに負けずついには悟りの境地にたどり着きブッダ（仏陀）となります（悟りを開いた者を仏陀といいます）。その後場所を変え3カ所で座して悟りを深めていきました。そしてついにはこの悟りの境地（仏教）を民衆に説いても理解できないだろうとの結論に達しました。しかし梵天が現れ3回の勧めを受けたので先ず苦行を共にした5人の沙門（比丘）に説くことにしました。

釈迦が悟りを開くための方法論を説き終えると間もなく5人の沙門（比丘）は悟りを得ました。

# 7　仏教の始まり

仏教の最大の特徴は、人生の苦しみと悩み〝苦脳〟は執着から生じることを解明し、釈迦が苦行や修行で得た〝悟り〟（真理の正しい理解と洞察）によって、苦悩の原因となる執着から解放されることが可能であるというきわめて実践的な教えを提示したことです。

釈迦は布教の旅に出ました。これが仏教とその布教の始めとされ、その後40年間釈迦はインド各地を回り80歳で天命を終えます。

シッダールタは釈迦族の出身のため〝お釈迦さま〟、悟りを開いたため〝仏陀〟（日本では〝仏さま〟）と呼ばれます。

# 8　仏典と仏像

釈迦の死後、出家集団が集合し釈迦の教えた言葉を集めそれを〝口伝〟で伝承していました。さらに100年が経過し〝口伝〟に種々の異論が生じたため第2回目の結集が行われ、検討しますが纏まらず教義は2派に分裂、さらに細分化されていきます。

その後紀元前3世紀（2300年前）の頃アショーカ王が第3回目の結集を行い、〝口伝〟によるものをサンスクリット語などで文字化します。

2000年前頃には苦行を積み苦痛を克服する阿羅漢だけでなく、さらに多くの叡智を備えた仏陀になって、すべての民衆を苦悩から解放する教義が起こり大乗仏教として中国、韓国、日本に伝わってきました。

仏教では当初礼拝する対象は釈迦に関する事物でしたが、この頃になるとギリシャ、ローマ彫刻の影響でパキスタン北部（ガンダーラ）で人間の形をした仏像が作られ、間もなくインドのマトゥラーでも作られ始めました。

初めは釈迦への追慕の念から作られた釈迦像でしたが、やがて悟りを開いた者（仏陀）の像が作られ、さらに如来（目覚めたもの、真理に達した者）や菩薩（悟り、真理を得ようと修行中の者）の像まで作られ、信仰の対象となっていきました。

４０３年にはサンスクリット語の般若経典に対応する漢訳が鳩摩羅什によって３本でき、６６０年には中国で玄奘によって６００巻に及ぶ『大般若経』が集大成されます。

こうして現在の仏教の信仰対象である仏像群と聖典類が完成するのですが、この時すでに釈迦の死後約１０００年が経っていました。

## 9　三蔵法師

ここで膨大な仏典を中国に持ち込み、仏典を漢訳し日本に仏教の布教を容易せしめた玄奘とその時代の中国に注目してみましょう。

私には漫画『孫悟空』の三蔵法師のモデルとしてしか記憶のなかった玄奘は602年（598年と600年説あり）中国河南省生まれで、俗名は陳褘、尊称は法師、三蔵などで鳩摩羅什とともに二大訳聖と呼ばれ後に法相宗を興す大宗教家です。

8歳の時父から『孝経』を習い、教えを実行して神童と言われますが10歳で父を亡くして洛陽の浄土寺に移り11歳で『維摩経』と『法華経』を暗誦し、僧侶への登竜門、度僧の試験を受けようとしますが若すぎて受験することができませんでした。しかし門前で待ち構え口頭試験でその才を認められ出家して浄土寺に住み込み、13歳で『涅槃経』と『摂大乗論』を学びました。

隋が衰え世相が不安定となると長安の荘厳寺さらには成都へと移り『涅槃経』などの研究をしました。21歳となった玄奘は具足戒を受けますが一人旅立ち三峡を下り荊州、相州、趙州、長安と学びの旅を続けました。

６２９年仏典の研究は原典によるべきだと考え、新生の唐王朝に出国の許可を求めましたが許可が下りず、密かに出国、河西回廊を経て高昌、さらには西域商人に交じって天山南路、天山北路、中央アジアと旅を続けヒンズークシ山脈を越えてインドに入りました。

インドではナーランダ大学で戒賢に師事し16年間学び、６４５年、６５７部の経典を長安に持ち帰りましたが業績を高く評価され密出国の罪に問われることはありませんでした。

帰国後玄奘は間もなく翻訳事業を開始し、経典中で最も重要視される『大般若経』の翻訳を完成させましたが、その１００日後の６６４年3月7日に没しました。この間日本から遣唐使として６５３年から６５４年に派遣された道昭は玄奘に教えを受けました。この道昭の弟子が有名な〝行基〟です。私の好きな行基は三蔵法師の孫弟子だったのです。

漫画のモデルとしてしか知らなかった玄奘三蔵法師がかくも偉大な宗教家であり、仏教、特に漢字経典に関しては並ぶもののなき存在であったことは驚きのほかありません。

私が目にしている『般若心経』もこのうちの一つですが釈迦の辻説法からは２４００年が、玄奘の漢訳からは１３５０年が過ぎています。釈迦の教えに一番近いサンスクリット語の『般若心経』を素直に読み返してみようと思います。

静慈圓の『梵字で書く般若心経』を参考とします。少しわかってきたけれど何か物足りない。

# 10　般若心経

では、玄奘の1100万字に及ぶ訳経の集大成と言われる『般若心経』のサンスクリット語の原典（静慈圓の『梵字で書く般若心経』のローマ字訳）に『梵和大辞典』（鈴木学術財団）を参考に挑戦してみましょう。

これがまた難解な辞書でありますが、とりあえずそれらしい単語を訳していきます。

そしてサンスクリットの『般若心経』に訳をつけていったとき、菅原篤著『釈尊のインド』を読み、自分が8年前に中国西蔵自治区ポタラ宮とその周辺の山村を旅行した時の風景を思い出し、ふとこんな情景が脳裏をよぎりました。

時は今から約2500年前、日本では弥生時代の初期で登呂遺跡が作られ始めたとき、インドでは先に述べたように16大国が内戦、抗争の結果古代インド統一国家へと発展していた時代。

場所はインド北部、アーリア族はインド統一戦争に負け、菩提樹の下に横たわる死亡したアーリア王とそれを取り囲み戸惑う夫人や息子、住民に布教の旅の途中の釈迦が語りかけた言葉が『般若心経』ではなかろうか？　と。
そして玄奘でさえ越えられなかった大きな壁があることに気づきました。

①　表音文字文化であるサンスクリット語を象形文字文化である漢字（中国語）に変換することの困難。結果として多くの中国語の音訳が作られますが、これは明治維新の開国によって外国文化が短期間で日本に大量に入ってきた時、和訳を諦めて多くのカタカナ語（音訳）が作られたのと同じです。

②　サンスクリット語独特の語形変化と熟語形成。例えば冒頭に現れるaryavalokitesvaraです。わたしの理解では、arya avalokite isvaraと少なくとも3語の合成語であるがこれを漢訳することは超難問です。

③　有り余る仏教知識と得た（与えられた）地位。おそらくはインドへの留学のきっかけになったであろう漢字仏典上の疑問や矛盾、そしてそれが解った時の自分自身が信じ教えてきた事との整合性です。釈迦はいみじくも言っています『全てを捨てなければ真実には近づけない』と。

サンスクリット語の文字（梵字＝悉曇《しったん》文字）は表記が困難なのでローマ字音訳を記します。

また私にはサンスクリット語の知識は全くなく、サンスクリット語のローマ字音訳には通常文字の上下左右に・や。(小さな丸)や~などが付いていますがこれも省略してあり、その他誤りあるのもご容赦願います。

音訳、語基、玄奘、和訳は静慈圓の『梵字で書く般若心経』より、直訳は『梵和大辞典』(鈴木学術財団)による私の引用訳例です。

音訳：prajna《プラジュニャー》-paramita《パーラミター》-hrdaya《フリダヤ》-sutram《スートラン》

和訳：(完全なる　智慧の　心髄　経)

表題ですが原典には書かれていないので省略します。

# 11　観自在菩薩

音訳：Namah《ナマハ》　sarvajnaya《サルヴァジュニャーヤ》　Aryavalokitesvara《アールヤーヴァローキテーシュヴァラ》　bodhi-sattvo《ボードヒサットヴォー》　gambhirayam《ガンビーラーヤーン》

語基：namas　sarva-jna　arya-avalokita-isvara　bodhi-sattva　gambhira

玄奘：　　　　観自在　菩薩　行深

和訳：（一切智者に帰命します）（聖 観自在　菩薩）（深い）

直訳：敬礼 全 智　アーリアの王と見える　菩提樹 いること 死 恐れた

namasは「敬礼、お辞儀をすること」、南無阿弥陀仏の南無。sarvajnayaはsarvaとjnayaでできておりsarvaは「一切、全、総」に当たります。jnayaは「知られるべき、智」です。aryavalokitesvaraは先に述べたように3語に分かれます。aryaは「貴、聖あるいはアーリア族（人）」、avalokiteは「見える（らしい）、観」、svaraはisvaraに戻し「自在あるいは王」とします。

bodhi-sattvoは漢訳では「菩薩」とし全体で「観自在（世音）菩薩」としていますが、私が疑問に思ったように玄奘がインドに渡った時（６３０年＝１４００年前）には仏教は完成し観世音（自在）菩薩はありましたが、釈迦が般若心経を話した時（２５００年前）はなかったと思います。そして玄奘の凄いところは自分が信仰してきた聖観世音菩薩ではなく、これとは別の観自在菩薩と訳したことです。釈迦が菩提樹の下で座禅し、悟りを得たので、これ以後多くの修行僧がこれを見習ったのではないでしょうか。それ故釈迦の生存時には観世音（自在）菩薩はなかったのですから菩提樹の下に有る（いる）となります。

gambhirayamはgamが「行く、死す」。bhiraは「恐れさせる」。語尾のyamは「支える」。

| | | | | |
|---|---|---|---|---|
| 音訳： | prajna-paramitayam《プラジュニヤーパーラミターヤーン》 | caryam《チャルヤーン》 | caramano《チャラマーノー》 | vyava-lokayati sma《ヴヤヴァローカヤティ スマ》 |
| 語基： | prajna-paramita | carya | cara-mana | vi-ava-lok sma |
| 玄奘： | 般若 波羅蜜多 | — | 時 | 照見 |
| 和訳： | (完全なる智慧において) | (行いをなしつつ) | | (看破 した) |
| 直訳： | 前に 知る 波羅蜜多 | 行く | 奉行 | 分かれたように見られた |

です。

prajna-paramitayamのprajnaは「般若」と音訳されましたが、praが「前に」、jnaが「知る」私には「先見の明」と映りましたが。

paramitayamは「向こうへ渡ること、彼岸、完全成就」とあり「波羅蜜多」となっていますが、paraは「向こうへ渡る、彼岸」とあり、mita（yam）に至ってはさらに難解でそれらしい記載はなく、何の意味か分からないのですが「計られた量」とあります。

何故かmitaだけは英語、スペイン語、ラテン語の辞書にもそれ相当の単語がありません。釈迦がこの中で何回も述べている最も重要な言葉ですが不思議なことにこれ以上の記載がないのです。paramitayamはこれからも出てくるので音訳のまま「波羅蜜多」として置き、新しい知見が生ずることを期待することとして次に進みます。yamは「支持する、継続する」。

caryamはcarが「動く、行く」で、caramanoは「奉行」とあります。

viava-lokayatiのvi-avaは「分離して、分かれて」、lokayatiは「見られる」で、smaは過去形化する言葉であり、「分かれたように見られた」ではないでしょうか。

音訳：　pamca《パンチャ》 skandhah《スカンドハーハ》 tams《ターンシュ》 ca《チャ》　svabhava-sunyan《スヴァブハーヴァシューニヤーン》　pasyati《パシュヤティ》 sma《スマ》//

語基：　panca skandha tan ca　sva-bhava-sunya　pasya-ti sma

玄奘：　五　蘊　皆　空　度一切苦厄

和訳：（五つの元素があると）（そしてそれらに）（自性空なるもの見られた）

直訳：五つ 領域　減少 及び　自生　空虚な　見なした

panca skandha の pamca は「五つの」で、skandha は「木の幹、領域（蘊）、集合体（五感覚？）」。tam は「息が絶ゆ、弱くなる」。ca は「及びか尚」。svabhava-sunyan の sva は「自身の」、bhava は「生成すること」。sunyan は「空の、空虚」です。

pasyati sma の pasyati は「見る、みなす」です。sma は前述の過去形化です。

従って私の勝手読みは「**菩提樹の下に居る般若波羅蜜多を実践実行し五領域を減少させ自分自身を空虚なものとしたアーリアの王と見られる全智者に敬礼する。**」。

# 12　色と空

音訳：Iha《イハ》　sariputra《シャーリプトラ》　rupam《ルーパン》　sunyata《シューニヤタ》　sunyataiva《シューニヤターイヴァ》　rupam《ルーパン》

語基：iha　sariputra　rupa　sunya-ta　sunyata-eva　rupa

玄奘：　舎利子　—　—　—　—

和訳：(この世では　シャーリプトラよ　物質は空の状態である　空の状態は物質である)

直訳：この世　シャーリの息子　外観　空虚　空虚　実は　外観

ihaは「今、この世」、sariputraは「舎利子」で釈迦最初の弟子の名前となっていますが、sariは女の名前（アーリア王夫人?-)、putraは「息子」の訳もあります。釈迦とsariの息子は此処で出会い以後sariのputra（息子）は釈迦に追従し、釈迦はsariputraと呼称するため固有名詞化していったのではないでしょうか。

rupamはrupaが語基で「外観、色、像」で、sunyataは「空、空虚」です。
sunyataivaのivaはevaの変化形で「実に」です。

**「シャーリの息子よ、この世では外観は空虚です、空虚は実は外観です。」**

音訳：Rupan《ルーパーン》 na《ナ》 prthak《プリタク》 sunyata《シューニヤター》 sunyataya《シューニヤターヤー》 na《ナ》 prthag《プリタグ》 rupam《ルーパン》/
語基：rupat na prthak sunyata sunyata na prthak rupa
玄奘：色 不 異 空 空 不 異 色
和訳：（物質と空の状態は異なることはない）（空の状態と物質は異ならない）
直訳：外観 非 離れる 空虚 空虚 非 離れる 外観

naは「～でない、非」。prthakは「別個に、離れてまたは異なる」です。

音訳：Yad《ヤド》 rupam《ルーパン》 sa《サー》 sunyata《シューニヤター》 ya《ヤー》 sunyata《シューニヤター》 tad《タド》 rupam《ルーパン》//
語基：yad rupa tad sunyata yad sunyata tad rupa
玄奘：色 即是 空 空 即是 色
和訳：(即ち物質それは空の状態であり)(空の状態それは物質である)
直訳：何であれ外観と一緒 空虚 故に 空虚 一緒 外観

yadは後節のtadと繋がり「何であれそれは」となります。saは「～と共に、一緒」、yadは「～の故に」。

**「外観（rupam）は空（虚）sunya（ta）と離れることなく、空（虚）も外観と離れません。外観は空と一緒なのです。故に空も外観と一緒なのです。」**

となります。

rupam sa sunyataは釈迦がprajna-paramitaと共に重要視した言葉です。しかしsunya（ta）は「空（虚）」ですが、次節に出てくる諸法**空**相と**空**中無色の**空**と合致するものを、写経を始めてから100日間考えていましたが、思い当たる物事がありません。所詮空（想）なんだものと諦めた時、これは空（何もない）ではなく、空気のように**見えないもの**を示している言葉ではないかと気が付きました。

漢字は見えるものを図案化し簡略化してできていますが、見えないもの、抽象的なものを表すことは苦手です。

人間に譬《たと》えれば、**体**（外観、像）は**色**や形として見えるけれど、**心**は色や形がないから見えない**空**ではないかと思い当たるに至りました。そうすると、

「**シャーリ（アーリア王夫人？）の息子よ。この世では体は心であり、心は実に外観です。体は心と離れない、心も体と離れない。体は心と一緒です、心も体と一緒です。**」

と繰り返しています。

# 13 心の中

音訳：Evam eva《エーヴァン エーヴァ》 vedana-samjna-samskara-vijnanani//《ヴェーダナーサンジュニャー サンスカーラ ヴィジュニャーナーニ》

語基：evam eva vedana-samjna- samskara-vi-jnana

玄奘：受 想 行 識亦復如是

和訳：(かくの如く 実に)(感覚 思想 行 智慧である)

直訳：このように 実に 苦痛 知識 行為 分 知識

evamは「このように」、evaは「全く」、vedanaは「苦痛」、samjnaは「知識」、samskaraは「行為」、viは「分かれて」、jnananiは「知識」です。

**「このように実に苦痛、知識、行為、意識も見えないのです。」**となります。

| | | | | |
|---|---|---|---|---|
| 音訳： | Iha《イハ》 | sariputra《シャーリプトラ》 | sarva-dharmah《サルヴァダルマーハ》 | sunyata-laksana《シューニヤターラクシャナー》 |
| 語基： | iha | sariputra | sarva-dharma | sunyata-laksana |
| 玄奘： | | 舎利子 | 是 諸 法 | 空 相 |
| 和訳： | (この世では | シャーリプトラよ) | (一切の法は | 空の状態を相とする) |
| 直訳： | この世 | シャーリの息子 | 全て－決まり | 空（心）現れる |

iha は「今、この世」、sari は女の名前、putra は「息子」。

sarva は「全体の」、dharmah は「法、規則、正義」、sunyata は「空（虚）」、laksana は「～のように見える」。

**「シャーリの息子よ、この世の全ての法規（決まり事）は心を表したものです。」**

音訳：anut-panna《アヌットパンナー》　aniruddha《アニルッダー》　amala《アマラー》　na vimala《ナ ビマラー》　nona《ノーナー》　na paripurnah《ナ パリプールナーハ》
語基：an+utt+panna　a-niruddha　a-mala　na vi-mala　na-una　na pari-purna
玄奘：　不生　不滅　不垢　不浄　不増　不減
和訳：（生まれず　滅せず　汚れず　浄からず　滅せず　満ちない）
直訳：　不生ず　不死　不塵　非離塵　不滅　非満

anutpanna は an は否定、utpanna は「生まれる」、aniruddha は a は否定、niruddha は「死滅」、amala は a は否定、mala は「塵」、vimala の vi は「離れて」、nona は na+una で na は否定、una は「減少」、paripurnah は「いっぱいに満ちた」です。

**「（心は）生まれたり亡くなったり、汚れたり綺麗になったり、欠けたり満ちたりしない。」**

音訳：Tasmac《タスマーチュ》　chariputra《チャーリプトラ》　sunyatayam《シューニヤターヤーン》　na《ナ》　rupam《ルーパン》　na《ナ》　vedana《ヴェーダナー》

語基：tat　chariputra　sunyata　na　rupa　na　vedana

玄奘：是故　空　中　無　色　無　受

和訳：(それだからシャーリプトラよ)（空の状態においては　物質はない　感覚はない

直訳：それ故　シャーリの息子　空（心）　無　色　無　苦痛

tasmacは「それ故」、chariputraは「シャーリ（女性）の息子」、何故かここではsariではなくchariになっている? sunyatayamは「空（心）の状態」。naは否定（無）、rupamは「色（見えるもの)」、vedanaは「苦痛」。

音訳：na《ナ》 samjna《サンジュニャー》 na《ナ》 samskara《サンスカーラー》 na《ナ》 vijnanani《ヴィジュニャーナーニ》
語基：na samjna na samskara na vijnana
玄奘：　想　行　識
和訳：思想はない　行わない　智慧はない）
直訳：無　知識　無　行為　無　智慧

**「それ故、シャーリの息子よ。心は見えたり、苦痛を感じたり、知識を持ったり、行動したり、智慧を持たない。」**

音訳：na《ナ》 caksuh《チャクシュフ》 srotra-《シュロートラ》ghrana-《グフラーナ》jihva-《ジフヴァー》kaya-《カーヤ》manamsi《マナーンシ》
語基：na caksus srotra ghrana jihva kaya manas
玄奘：無　眼　耳　鼻　舌　身　意
和訳：（眼　耳　鼻　舌　身　意はない）
直訳：無　眼　耳　鼻　舌　身　意

音訳：na《ナ》 rupa-《ルーパ》 sabda-《シャブダ》 gandha-《ガンダ》 rasa-《ラサ》sprastavya-《スプラシュタヴィヤ》 dharmah《ダルマーハ》

語基：na rupa sabda gandha rasa sprastavya dharma

玄奘：無 色 声 香 味 触 法

和訳：（色 声 香 味 触 法はない）

直訳：無 色 声 香 味 触（感） 法

kayaは「身体」となっています。

**「眼、耳、鼻、舌、体、意識がないので色、声、香、味、触感、法がない。」**

音訳：na-《ナ》 caksur-《チャクシュル》 dhatur-《ダートゥル》 yavan《ヤーヴァン》 na《ナ》 mano-《マノ》vijnana-《ヴィジュニャーナ》 dhatuh《ダートゥフ》//

語基：na caksu dhatus yavat na manas vijnana dhatu

玄奘：無 眼 界 乃至 無 意 識 界

和訳：（眼界もなく ないし 意識界もなし）

直訳：無 眼 界 乃至 無 意 識 界

「どんなに遠くても見えるし、どんな事でも考えることができる。」

音訳：navidya《ナヴィドヤー》　navidya《ナーヴィドヤー》　navidya《ナヴィドヤー》 ksayo《クシャヨー》　navidya-ksayo《ナーヴィドヤークシャヨー》

語基：na-vidya　na+a+vidya　na-vidya-ksaya　na-a-vidya-ksaya

玄奘：　無　無明　亦　無　無明　盡

和訳：(明もなく　無明もなく明の尽きることもなく　無明の尽きることもなく

直訳：非　知　非　無　智　非　智　減少　非　無明　減少

navidyaのnaは否定、vidyaは「知識」。ksayoは「減少」。

「無智でないこと、無智がなくなること、無智でないことがなくなることを知らない。」

音訳：yavan《ヤーヴァン》 na《ナ》 jara-《ジャラー》 maranam《マラナン》 na《ナ》 jara-《ジャラー》 marana-《マラナ》 ksayo《クシャヨー》

語基：yavat na jara marana na jara marana ksaya

玄奘：乃至 無 老 死亦 無 老 死 尽

和訳：乃至 老死もなく 老死の尽きることもなし）

直訳：乃至 無 老 死 無 老 死 滅少

jaraは「老い」、maranamは「死ぬこと、死」。

**「年を取ることや死ぬことはなく、老いや死がなくなることもない。」**

音訳：na《ナ》 duhkha-《ドゥフクハ》 samudaya-《サムダヤ》 nirodha-《ニローダ》 marga《マールガー》 na《ナ》 jnanam《ジュニャーナン》

語基：na duhkha samudaya nirodha marga na jnana

玄奘：無 苦 集 滅 道 無 智

和訳：（ 苦と 集と 滅と 道もなく） （智もなく

直訳：無 苦痛 集合 減少 方法 無 知

samudayaは「連合、集合」、nirodhaは「減少」、margaは「道、方法」。

音訳：na《ナ》 praptir《プラープティラ》 apraptitvena《アプラープティトヴェーナ》

語基：na　prapti　a-prapti-tva

玄奘：亦無　得　以無所得故

和訳：得もなし　所得がない事によりてなり）

直訳：無　達成　非　達成

na praptirはnaが否定、praptirは「到達」、apraptitvenaはa-が否定、praptitvenaは「到達成」。

**「苦痛が集まったり減少したり、解決方法を知らないことはない、物事を達成することなく達成にはいたらない。」**

# 14 菩提薩埵

音訳：bodhisattvasya《ボードヒサットヴァスヤ》 prajna-《プラジュニャー》 paramitam《パーラミターン》 asritya《アーシュリトゥヤ》 viharaty《ヴィハラトゥヤ》 acittavaranah《アチッターヴァラナハ》

語基：bodhi-sattva prajna paramita asritya viharati a-citta-avarana

玄奘：菩提 薩埵 依般若 波羅蜜多 故 心無罣礙

和訳：（菩薩の 完全なる 智慧 に依りかかれば 心の悩みはない）

直訳：菩提樹 居る 般若 波羅蜜多 依る 除去 無 わだかまり

bodhisattvasyaは「菩提樹の下に居る」、prajnaは「先に知る（般若）」、paramitamはここでも1時間かけて『梵和大辞典』を探すも適訳見つからず（波羅蜜多）、asrityaは「依存」、viharatyは「取り去る」、acittavaranaはaは否定、cittaは「思考」、avaranaは「障害」。

**「菩提樹の下に居る者（殺されたアーリアの王？）は般若波羅蜜多に頼っていたので憂いは取**

**り去られ」**

音訳：citavarana《チッターヴァラナ》 nastitvad《ナースティトヴァーダ》 atrasto《アトラストー》 viparyasa《ヴィパルヤーサー》 ti-kranto-《ティ クラーントー》 nistha-《ニシュタ》 nirvanah《ニルヴァーナハ》
語基：citta-avarana nasti-tva a-trasta vi-pari-asa- ati-kranta- nistha- nirvana
玄奘：　無罣礙故　無有　恐怖　遠離一切　顛倒夢想　究竟　涅槃
和訳：(心の悩みがないから 恐怖なく 顛倒を 超越して 涅槃に行きつく)
直訳：わだかまり 無存在 無恐怖 充分に 分離して 上にある究極の 解放

citavaranaは前述の「わだかまり」、nastitvadのnastiは「存在しない」、atrastoはa+trastaで「恐怖なく」、viparyasaはviは「〜と分離して」、pariasaは「充分に」、ti-kranto-は「渡った」、nistha-は「〜の上にある」、nirvanahは「究極の解放、消滅」。

**「憂いがないので恐怖はなくなり、心は体と充分に分離して究極に解放された。」**

音訳：try《トゥリ》 adhva《ヤドヴァ》 vyavasthitah《ヴァヴァストヒターハ》 sarva《サルヴァ》-buddhah《ブッダーハ》 prajna《プラジュニャー》-paramitam《パーラミターン》 asrityanuttaram《アーシュリトヤーヌッタラーン》

語基：tri adhva vi-ava-sthita sarva-buddha prajna-paramita a-sritya anuttara

玄奘：三世　諸　仏　依般若波羅蜜多　故得　阿耨多羅

和訳：(三世に　住する　一切の　仏は　完全なる智慧に　依存して完全な

直訳：三　旅人　立っている　全　仏陀　般若波羅蜜多　依存して　完全な

tryは「三」、adhvaは「旅（人）」、何故か三世はadhva-tryaとあります。vyavasthitahはviは「分離して」、avasthitahは「立っている」、sarvaは「全ての」、buddhahは「仏陀（悟りを開いた者）」、prajna-paramitamは再々調べるも「対岸に渡ること」としかわかりません。asrityanuttaramはa-sRityaは「依存して」、nuttaramは「最も優秀な、または完全な」でしょうか？

音訳：samyak-sambodhim《サムヤク サンボーデヒン》　abhisambuddhah《アビサンブッダーハ》
語基：samyak-sambodhi　abhi-sam-buddha
玄奘：　三藐　三菩提
和訳：　　悟りを　〈完全に〉悟った
直訳：正確に　正確な－菩提樹　その上　正確に悟った

samyakのsamは最も和訳が難しい単語で「〜と共に、等しい、正確」など数種類の訳し方が載っていますがどれを引用するのか難しいところです。例えばsaも「〜と共に」ですが母音の前ではsamに変化します。

yakは辞書には高地に住む動物「ヤク」とあります。一応samyakで「正確に」と載っている？　sambodhimは「正確な目覚め」となっていますが？　私には納得いかず、むしろsambodhimは英語のsomebodyに発音が似ており「幾人か」と訳したい。samを「幾」と訳すと日本語としてもわかりやすくなります。abhisambuddhahはabhiが「上に」、samは「幾」？　buddhahは「仏陀、目覚めた人」で、「幾人かのより良き目覚めた人」となります。

**「三人の旅人は般若波羅蜜多に依存して悟りを正確に悟った。」**

音訳：tasmaj《タスマージ》 jnatavyam《ジュニャータヴヤン》 prajna-paramita《プラジュニャー　パーラミター》 maha-mantro《マハー　マントロー》 maha-vidya《マハー　ヴィドヤー》 mantro《マントロー》

語基：tasmat　jnatavya　prajna-paramita　maha-mantra　maha-vidya-　mantra

玄奘：　故　知　般若波羅蜜多　是　大神呪　是　大明　呪

和訳：(この故に知るべし　完全なる智慧は　大呪なり　大明呪なり

直訳：これ故　知　般若　波羅蜜多　大きい　祈り　大きな　恵み　祈り

tasmaj は tasmat で「それ故」、jnatavyam は「正確に知る」、prajna-paramita は再々度辞書を開くも見つからず。maha は「大きな」、mantro は「思想、祈り」、vidya は「知識、恵み」。

**「これ故、般若波羅蜜多は大きな恵みの祈りであり、大きな祈りです。」**

音訳：nuttara《ヌッタラ》-mantro《マントロー》　sama《サマ》-sama《サマ》-mantrah《マントラハ》　sarva《サルヴァ》-duhkha《ドウフクハ》 prasamanah《プラシャマナハ》
語基：anuttara-mantra　a-sama-sama-mantra　sarva-duhkha-pra-samana
玄奘：是無上　呪　是無等等　呪　能除一切苦
和訳：無上の呪なり　無等等呪なり）（一切苦を　除くものなり）
直訳：最優秀な　祈り　等しい　祈り　一切　苦悩　消去

nuttaraは「最も優秀な」、samaは「等しい、同等の」、sarvaは「一切、全て」、duhkhaは「苦痛、苦悩」、prasamanahは「静穏にすること、消去すること」。

**「これを唱えることは一切の苦悩を取り除くに等しい最高の祈りです。」**

## 15 羯諦

音訳：satyam《サトヤン》 amithyatvat《アミトフャトヴァート》 prajna-《プラジュニャー》 paramitayam《パーラミターヤーン》 ukto《ウクトー》 mantrah《マントラハ》

語基：satya a-mithya-tva prajna- paramita ukta mantra

玄奘：真実 不虚 故説 般若 波羅蜜多 呪

和訳：(真理が虚しくないから 完全な 智慧の立場において 説いた呪なり

直訳：真実 非 虚妄 般若 波羅蜜多 語る 祈り

satyamは「真実、実際」、amithyatvatはaは否定、mithyatvatは「虚妄、不真実」、uktoは「語られる、話しかける」です。

音訳：tadyatha《タドヤトハー》　gate《ガテー》　gate《ガテー》　paragate《パーラガテー》　parasamgate《パーラサンガテー》　bodhi《ボードヒ》　svaha《スヴァーハー》
語基：tad-yatha　gata　gata　paragata　para-sam-gata　bodhi　svaha
玄奘：即説呪曰　羯諦　羯諦　波羅羯諦　波羅僧羯諦　菩提　娑婆訶
和訳：〈即ち次の如し〉ガテー　ガテー　パーラガテー　パーラサンガテー　悟りよ成就あれ〉
直訳：これは～です　死　死　超える　死　超える（幾）死　菩提樹　祝福

tadyathaはtadは「此処に」、yathaは「～のように」、gateの語基はgataで「～に去りゆく、死せる」、paragateは「gataを超えて」、parasamgateはsamを「幾つか」に訳すと「幾つかのgataを超えて」となります。bodhiは「菩提樹（の下に居る人）」、svahaは「（神格の者）に対して幸いあれ、祝福あれ」です。

**「これは真実で嘘ではありません、般若波羅蜜多を語り祈り死を超え、さらに幾つもの死を超えた菩提樹の下に居る者に祝福あれ。」**

しかし私は原文のgate（羯諦）の語基がgataであることを知ったときあることを思い出しました。

初めてボーリングをやった時、第1投はただひたすら先頭のピンをめがけて投げ、ビギナーズラックによりストライクとなりましたが、次は欲を出して力が入り側溝に落ちました。周囲はガーターだ、ガーターだと大喜びです。また穴が開いたり大きな石がゴロゴロしていたり、水溜りのある道をガタガタ道と言うように、gataは原始的な通路または河原道（想像をたくましくすると三途の川と賽の河原）か？　一般的には苦難の場所「獄」か？　とも考えられます。

すると「**これは真実で嘘ではありません、般若波羅蜜多を語り祈って幾つもの苦難を越えていった菩提樹の下に居る者（神格者＝アーリアの王）に祝福あれ。**」となります。

音訳：iti《イティ》　prajna-paramita-hrdayam《プラジュニヤー パーラミター》　samaptam《サマープタン》

語基：iti　prajna-paramita-hrdaya　samaptam

玄奘：　般若　心経

和訳：（以上　完全なる智慧の心髄は終われり）

直訳：以上　般若　波羅蜜多　秘密　完結

itiは「以上、この如く」、hrdayamは「心臓、最も秘密なもの」、samaptamは「完結した」です。

prajna-paramitaはこれで5回目、でもこれでお別れだ、この辞書のどこかにきっと載っているだろうと思いｐとｍの項目を虱潰しに拾っていきます。5時間かかりましたが適訳は見つかりませんでした。prajna-paramitaがhrdayam（最も秘密な）ものなのでしょう。

**「以上、最も秘密な般若波羅蜜多を完結する。」**

# 16　般若波羅蜜多

prajna-paramita（yam）「般若波羅蜜多」について「彼岸に渡る（完全なる智慧）」以外何も得るものがありません。

約1650頁、1万語、192万字の重い『梵和大辞典』を西奈図書館の最下段の書架に置き、頭を上げると斜頸で10度右に傾いた私の視界に隣の書架の上段にある小さな1冊が飛び込んできました。『サンスクリット語――日本語単語集』（山中元編著）です。

思わず手に取りmitaを見ると、5時間に及んだ辞書との闘いに敗れた後期高齢者の目にmitaが映りました。「死んだ、死人」とあります。これで全て解決です。prajnaは「先見の明」、paramitaは「死の向こう側、死を超越した」、で釈迦の修行と悟りの境地です。

席に戻って眼鏡をかけ見直します。するとmitaでなくmrtaでなんとrの上に小さなˇ点みたいな符号が付いていています。『梵和大辞典』を開き見直すとmrtaにはrの下に小さな白丸○が付いてやはり「死、死人」とあります。

ではmitaはなんだ！　議論するまでもない！

prajna-paramitaは釈迦の体験と悟りそのものなのです。死を超えるような修行とそれにより導かれた先見の明、言い換えれば**死を超越した先見の明**です。キリスト教などで預言と訳している言葉かもしれません。

これは**実行することにより殺されるかもしれない先見の明**も含まれています。

そして、最初はアーリア王と見られる（らしい）と言っていたbodhi-sattvoに対して、最後には神格者（prajna-paramita＝**死を超越した先見の明**を実行して仏陀となった）に掛ける言葉svahaで祝福あれと述べています。

では、勝手訳、般若心経の般若波羅蜜多を「**死を超越した先見の明**」として全文を読み換えます。

## 17　般若心経　梅原訳その1

菩提樹の下に居る死を超越した先見の明を実践実行し五領域を減少させ自分自身を空虚なものとしたアーリアの王と見られる全智者に敬礼する。

シャーリ（アーリア王夫人？）の息子よ。この世では体は心であり、心は実に外観です。

体は心と離れない、心も体と離れない。体は心と一緒です、心も体と一緒です。

このように実に苦痛、知識、行為、意識も見えないのです。

シャーリの息子よ、この世の全ての法規（決まり事）は心を表したものです。

（心は）生まれたり亡くなったり、汚れたり綺麗になったり、欠けたり満ちたりしない。

それ故、シャーリの息子よ。心は見えたり、苦痛を感じたり、知識を持ったり、行動したり、智慧を持たない。

眼、耳、鼻、舌、体、意識がないので色、声、香、味、触感、法がない。

どんなに遠くても見えるし、どんな事でも考えることができる。

無智でないこと、無智がなくなること、無智でないことがなくなることを知らない。

年を取ることや死ぬことはなく、老いや死がなくなることもない。

苦痛が集まったり減少したり、解決方法を知らないことはない、物事を達成することなく達成にはいたらない（ここまで空〈心〉の説明）。

菩提樹の下に居る者（殺されたアーリアの王？）は死を超越した先見の明に頼っていたので憂いは取り去られ、憂いがないので恐怖はなくなり、心は体と充分に分離して究極に解放された。

三人の旅人は死を超越した先見の明に依存して悟りを正確に悟った。これ故、死を超越した先見の明は大きな恵みの祈りであり、大きな祈りです。

これを唱えることは一切の苦悩を取り除くに等しい最高の祈りです。

これは真実で嘘ではありません、死を超越した先見の明を語り祈って幾つもの苦難を越えていった菩提樹の下に居る者（神格者＝アーリアの王）に祝福あれ。

以上、死を超越した先見の明を完結する。

となりました。

# 18　釈迦の心

玄奘の般若心経は漢文（中国語）での素晴らしい出来のあまり、日本人である私には理解困難なところが多く、私が特に疑問を感じたところは中国語の音訳でした。勝手な訳ではありますが一応辞書により理解ができそれなりに納得しました。しかし謎が残ってしまいました。prajna-paramita＝般若波羅蜜多＝釈迦の死を超えるような修行とそれより導かれた悟り（完全なる智慧）「**死を超越した先見の明**」です。

これはアーリア王を死に追いやり、幾多の修行僧に悟りを開かせた具体的な言葉と行為です。**死を超越した**と言った時、インド独立の父と言われるガンディー（ガンジー）を思わずにはいられません。無抵抗主義と記憶していましたが今は非暴力による不服従主義といわれているようです。

ガンディーは大英帝国の植民地政策に対し、帝国の強大な軍事力の前で徹底した不服従（命令、挑発と開戦の無視＝不戦）を暴力（武力・軍事力）なしでやり幾度も投獄（samgate）を経験しましたが、それを乗り越え（parasamgate）インドの独立を素手で戦闘なしで獲得しました。これこそが「**死を超越した先見の明による具体的な行動の一例**」だと思うに至りました。

アーリア王は古代インド統一軍に対し、非暴力（非武装）による不服従（不戦=平和主義）を実施し無抵抗で殺されましたが、内戦に見られるような徹底的な殺戮と破壊から非武装、不戦のため戦意なきものとして扱われ、夫人（シャーリ）や息子（プトラ）は生存を認められ、居住地は破壊から免れたものと思われます。

非武装、不戦を実践、実行して夫人や息子を救い、戦禍を免れた居住地の実情を見た釈迦にArya は聖と称され、アーリア王は釈迦に prajna-paramita「**死を超越した先見の明**（**般若波羅蜜多**）」の実施者として神格者とみなされ、釈迦の死後に聖観世音（自在）菩薩と言われるようになったと思われます。

ここまでくると釈迦の般若心経に込めた prajna-paramita が見えてきました。prajna「般若、**先見の明**」とは「**非武装**」、paramita「波羅蜜多、**死を超越した**」とは「**不戦**」です。

そうです！　prajna-paramita「般若波羅蜜多」は非武装不戦の「**絶対平和主義**」、日本人なら誰でも知っている非武装不戦を謳った**日本国憲法第9条**だったのです。

古代インド統一戦争の真っ只中にあって、釈迦は、

「**心**が望んでいるのは目に見える財産や地位でなく、目に見えないが安心して暮らすことがで

きる**真の平和**なのだ。**死を超越し、武器を持たずお互いを信じ合う非武装不戦の聖者の心**を持ちこの世を平和にしましょう」

と言っていたのです。

私の勝手訳、般若心経の「**死を超越した先見の明**」を釈迦の心に添ってもう一度「**絶対平和主義（非武装――不戦）**」に置き換えます。

# 19　般若心経　梅原訳その２

菩提樹の下に居る絶対平和主義（非武装――不戦）を実践実行し五領域を減少させ自分自身を空虚なものとしたアーリアの王と見られる全智者に敬礼する。

シャーリ（アーリア王夫人？）の息子よ。この世では体は心であり、心は実に外観です。体は心と離れない、心も体と離れない。体は心と一緒です、心も体と一緒です。

このように実に苦痛、知識、行為、意識も見えないのです。

シャーリの息子よ、この世の全ての法規（決まり事）は心を表したものです。

（心は）生まれたり亡くなったり、汚れたり綺麗になったり、欠けたり満ちたりしない。

それ故、シャーリの息子よ。心は見えたり、苦痛を感じたり、知識を持ったり、行動したり、智慧を持たない。

眼、耳、鼻、舌、体、意識がないので色、声、香、味、触感、法がない。

どんなに遠くても見えるし、どんな事でも考えることができる。

無智でないこと、無智がなくなること、無智でないことがなくなることを知らない。年を取ることや死ぬことはなく、老いや死がなくなることもない。

苦痛が集まったり減少したり、解決方法を知らないことはない、物事を達成することなく達成にはいたらない（ここまで空〈心〉の説明）。

菩提樹の下に居る者（殺されたアーリアの王？）は絶対平和主義（非武装——不戦）に頼っていたので憂いは取り去られ、憂いがないので恐怖はなくなり、心は体と充分に分離して究極に解放された。

三人の旅人は絶対平和主義（非武装——不戦）に依存して悟りを正確に悟った。これ故、絶対平和主義（非武装——不戦）は大きな恵みの祈りであり、大きな祈りです。

これを唱えることは一切の苦悩を取り除くに等しい最高の祈りです。

これは真実で嘘ではありません、絶対平和主義（非武装——不戦）を語り祈って幾つもの苦難を越えていった菩提樹の下に居る者（神格者＝アーリアの王）に祝福あれ。

以上、絶対平和主義（非武装——不戦）を完結する。

# おわりに

難解なサンスクリット語を理解しやすく語基まで示された静慈圓氏。

釈迦生存中を思い起こすような情景、挿絵を描かれた菅原篤氏。両氏に敬意を表します。

ライフワークとして始めた般若心経の直訳が思いのまま書き続けると思わぬ結論となり、そのまま東京図書出版に提出、すると出版社の皆さまが素晴らしいものに仕上げてくれました。ただ感謝あるのみです。

私は臨済宗妙心寺派の檀徒です。仏教の始祖、釈迦の言葉をこのように解してしまいましたが無眼界、無意識界のお釈迦さまは、死を超越出来ず、賽の河原でさ迷う私に、三途の川で溺れる私に、天国に繋がる一筋の蜘蛛の糸をお授けくださると確信しています。

２０１８年９月

完結

梅原　鎬市（うめはら　こういち）

問われて語ることなどなく、あえて言うなら昭和15年生まれ、40年間地方公務員として化学の実験室に勤務。灰色高官（鋼管）等遠くに及ばぬ、俺は無色透明〈ガラス〉管と自認。

## 聖者の心

2018年11月９日　初版第１刷発行

著　者　梅 原 鎬 市
発行者　中 田 典 昭
発行所　東京図書出版
発売元　株式会社 リフレ出版
〒113-0021　東京都文京区本駒込 3-10-4
電話 (03)3823-9171　FAX 0120-41-8080
印　刷　株式会社 ブレイン



ISBN978-4-86641-188-0 C0015
Printed in Japan 2018



ご意見、ご感想をお寄せ下さい。

［宛先］〒113-0021　東京都文京区本駒込 3-10-4
東京図書出版